ACUÉRDATE DE MAÑANA

ACUÉRDATE DE MAÑANA

María Cuadrado

Valparaíso
EDICIONES

VALPARAÍSO POESÍA

Diseño de interior y maquetación: Chari Nogales
Ilustración de portada: Dany Vega @_vegarts_
www.charinogales.com @chari_nogales

Primera edición: enero de 2024

© De los textos: María Cuadrado

© Valparaíso Ediciones
  C/ Fray Leopoldo, 7 bajo, 18014 Granada
  www.valparaisoediciones.es

ISBN: 978-84-10073-21-0
Depósito Legal: GR 42-2024

Impreso en España - *Printed in Spain*
Gráficas Gami

Para Darya, mi mejor amiga.
Gracias a ti empecé a escribir poesía.
Gracias por estar siempre.

También para mi hermano Arturo,
que se enfada si no le pongo en la dedicatoria.

PRÓLOGO

María quiere que observe las ruinas. Me las muestra con orgullo: *"recuerdos de un pasado que no existe"*. Con los ojos encendidos me enseña los poemas: un apartamento vacío, una mudanza a medias, montañas de ropa deshabitada, el rastro interminable de las ausencias, *"una huella en el camino"*. El tiempo detenido, el corazón congelado. Me pasea entre los restos de conceptos gastados, como *ayer* y *mañana*, *tú* y *yo*. Sus poemas están hechos de materia imaginada, no sé si mienten para decir la verdad, o dicen una verdad tan desnuda que no puede ser nombrada. En las costuras de lo real, María ha escondido un conjuro: *"Desde que te fuiste todos los días son ayer"*. En las fronteras entre su propio cuerpo y el resto de cuerpos, en las hipótesis indemostrables de su memoria, María Cuadrado escribió este libro.

En sus poemas viscerales encuentro una lucha. María no es inocente, sabe que intenta transitar un duelo ancestralmente prohibido. Me es familiar: en los poemas una puede vivir la eternidad en un espejismo, vidas largas, hermosas, perfectas, sin el permiso de nadie. Y, cuando termina el poema, ¿quién autoriza esta despedida?

No es inocente, sólo víctima del *"crimen perfecto: un corazón roto"*. Pero ella tiene los huesos. Los ha expuesto por su casa como una coleccionista. Los ha limpiado, clasificado, bautizado y ordenado. Me ruega que los mire bien. Me pregunta si yo también los he visto. Entre tanto silencio, capas de tierra y tela y carne, está orgullosa de haberlos hallado. Cuando la idea donde una se hizo el hogar se deshace del todo, ¿adónde van los cimientos? Si *"la única manera de romper un corazón es desde dentro"*, y el mandato de olvidar sólo deja deudas con la justicia, ¿quién puede autorizar esta rabia?

El amor joven, el amor sáfico, el amor primero, dejan rastros de tinta a menudo invisible, palabras de ácido cítrico. Hace falta mucho valor, un poco de fuego o una extraordinaria imprudencia para luchar por su permanencia, la constancia de su existencia, su paso por este mundo. María me dice que *"no era perfecto, pero era algo"*. Me cuenta que dolió como una enfermedad larga, como un miembro fantasma, que al deshacerse el futuro ella también se deshizo, casi hasta las células, y que sólo en estos poemas ha podido invocar su propia memoria huida de los espejos. Y yo creo en lo que dice. En mis primeros poemas declaré que escribiría sobre amor, pero no sobre realidad. Como si fueran algo distinto. En las manos de María, algo más jóvenes que las mías, encuentro un aprendizaje que llega un poco tarde: frente a lo inevitable de los sentidos, una escritora lo suficientemente incauta puede crear realidades indiscutibles.

Pero entonces ella me dice que también puedo mirar a los ojos del tiempo, y pedirle que rinda cuentas. El tiempo no sabe explicarse, sólo seguir, o fingir que sigue. Cuando ni el tiempo sabe ser cierto, ¿qué queda de cierto? ¿cuántas vidas caben al abrigo de las preguntas? María quiere que me fije en el mundo, que parece acompañarla. Me pregunta si yo alguna vez también he alterado el clima, producido tormentas, desastres naturales, lunas de sangre. Me habla de un dolor que escapa a su carne, que vacía sus tripas, un dolor que cambia el espacio-tiempo. Me mira *"con unos ojos que se parecen demasiado a los míos"*. Me pregunto con ella si acaso se puede desconocer esta herida.

Ella lo ha visto, lo ha guardado aquí. Sólo intenta que alguien más lo recuerde. María se sacude la tierra de las botas y me pide que recuerde los poemas, que son todo lo que tiene. Quiere que recuerde, que nunca me olvide del futuro que no fue.

ANA CEREZUELA
BARCELONA, NOVIEMBRE DE 2023

NUESTRA GUERRA

Los vencedores escriben la historia
Pero sólo quedo yo para escribir la nuestra
Aunque nunca te importe
Aunque nunca la leas

Siempre he creído que es mejor ser cobarde
Que morir héroe
Que la bondad se premia con castigos
Y la indiferencia con tranquilidad

Pensé que pasaría desapercibida por la vida
No ha sido el caso; esas cosas no se eligen
Aun así nunca quise ser la heroína del cuento
Sino la que lo escribe

Pero contigo fue diferente
Me obligaste a dar el paso, a ser el héroe
De una historia sin príncipes ni princesas
Sólo tú, yo, y aquella guerra

Quién diría que el amor
Podría doler tanto
Que cada encuentro fuera una batalla
Cada tregua un desencanto

Ganaste tú
Incluso antes de haber empezado
Porque te negaste a luchar
Y yo me desviví en vano

Los vencedores escriben la historia
Pero sólo quedo yo para escribir la nuestra
Aunque ya te hayas olvidado
Aunque nunca lo sepas

EN ALGÚN LUGAR

En algún lugar un ángel ha perdido las alas
El día que te miré
Y no dijiste nada

En algún lugar el mar se ha secado las lágrimas
El día que te busqué
Y me diste la espalda

En algún lugar el cielo ha llorado hacia arriba
El día que te reíste
Cuando me puse de rodillas

En algún lugar un pájaro ha cantando en silencio
El día que me exigiste una disculpa
Por decir que te quiero

En algún lugar un corazón sangra hacia adentro
Desde aquel día:
Tú me dijiste que no, y yo no lo supero

RIMAS ROTAS

Vacío rima con frío
Como el que dejaste atrás
Huellas de escarcha en un camino
Pero estaba vacío

Corazón rima con dolor
Y este con amor
Van de la mano
Intrínseca contradicción

Soledad rima con maldad
Causa y efecto, efecto y espera
Clavar el puñal y echar a correr
Huir del pasado sin volver la vista atrás

Espejo no rima con desconocido
Pero este lo hace con amigo
Y el primero con recuerdo
Al final somos eso: reflejos

Y yo veo el reflejo de las huellas que dejaste
Escarcha en un camino vacío
Y la soledad que vino del dolor
Tras meses habitando la contradicción

Hasta que me miré en el espejo
Y una desconocida me devolvió la mirada

Porque vacío rima con frío
Y tu nombre habría rimado con el mío
Si hubieras querido

FLOR DE ESCARCHA

Hermosa, fascinante y letal
No se puede conquistar
A alguien que en los labios lleva
Un poema muerto
Que en la mirada guarda
El nombre de la oscuridad
Y que en el pecho esconde
Una flor marchita
Envuelta en una cúpula de cristal

CABALLO DE TROYA

Caballo de Troya
Regalo envenenado
Canto de sirena
Es lo que fuiste para mí

Reflejo en el agua
Sombra en un espejo
Traición de un amante
Es lo que me hiciste sentir

Estrella fugaz
Que quema con su estela
Sol de noche
Que late a la espera

De un nuevo día
Una nueva oportunidad
De verme indefensa
Y clavarme el puñal

Porque la única manera de romper un corazón
Es desde dentro

UNA ROSA EN EL DESIERTO

Fuimos dos estatuas de arena
Símbolos del amor eterno
Que se llevó el viento
Que rompió el tiempo

Las flores también tienen venas
Y sangre sin corazón
Late la savia en el seno
De la rosa que no me regalaste

Ahora entiendo que puedes ser bonita
Sangrar y llorar cuando te conviene
Como un rosa sin corazón
Puedes fingir muchas cosas, pero no el amor

TU NOMBRE

Hoy caminando por la calle
Ha habido un momento de silencio
No me refiero a la quietud ni a la calma
Sino a la completa ausencia de sonido
Salvo el de mi propia respiración
Y mi latido en los oídos

Dejaron de pasar los coches
Y las voces cesaron
Como si el sol estuviera hecho de hielo y ruido
E Ícaro lo hubiera tapado con su ala

Pero antes de la lluvia de cera
Que cayó por mi piel en forma de lágrimas
Hubo silencio: un momento congelado, perfecto
En el que el mundo contuvo la respiración

Y podría haber pensado cualquier cosa
Pero en lugar de eso
Un sonido que creía haber olvidado
Detuvo mis pisadas
El silencio susurró tu nombre
Y me di cuenta de que todavía te quiero

AYER

Desde que te fuiste
Todos los días son ayer
Quise olvidarte
      Al final me olvidé
De quién había sido antes
De aquel día que te fuiste
Y nunca te volví a ver

COSAS QUE VUELAN Y EL LLANTO DE LA LUNA

El sol se esconde en días nublados
Porque no quiere verte
Eres la dueña de mis lágrimas
Las que nunca lloro
Por miedo a quererte

A la luna le pasa lo mismo
Porque se ha olvidado de quererse
Y sus lágrimas
Hechas de oro
Sólo se ven cuando llueve

Hoy es un día nublado
De esos en los que el sol se esconde
Para no ver el daño que ha(s) hecho
Y yo me quedo dentro del coche
Y me pregunto:
Cuando llueve
¿Adónde van las cosas que vuelan?
¿Doblan y esconden sus alas?
¿O acaso se las cortan?
¿Son capaces de olvidarse de su belleza?
¿Llegan a desear no tenerlas?

Cuando las plumas dejan de ser adorno
Para convertirse en peso muerto

Y mientras tanto la luna llora y llora
No puede parar
Y las cosas que vuelan se ahogan:
Los pájaros, las mariposas
No pueden gritar
Porque tienen la garganta llena de lágrimas

Pero la luna no se da cuenta
Y cuando el sol se esconde llora
Pues le da demasiada pena
Que llegada la mañana
Él la vuelva a cubrir con su sombra
Y de nuevo se encuentre sola

OTRO DÍA SIN TI

Ha pasado otro día
Apenas lo puedo creer
A medida que pasan
Los aniversarios de nuestros encuentros
Y de lo que pudo ser
Me empiezo a dar cuenta
De que el mundo no se ha parado
"La vida sigue", dicen
No lo creía pero es cierto
Cambian las estaciones
Los meses y los años
La que no sigue soy yo
Llevo tanto tiempo congelada
Que he olvidado el calor
Si es que alguna vez lo conocí
Si es que alguna vez hubo razón
Para despertar de su insomnio
A este mi pobre corazón
Pasa otro día, y otro día más
No estoy muerta, ni viva quizás
Nadie muere de amor, es verdad
Tan sólo para y escucha: ¿lo oyes?
En ese silencio habita el siguiente latido
De un corazón perdido
Que lleva buscando tanto tiempo

Que se ha olvidado de por qué
Porque pasa un día y otro
Y todo cambia menos él

ANIVERSARIOS QUE NUNCA TUVIMOS

Lunes, aniversario de nada
Me levanto, no tengo ganas
Miro el reloj: siete de la mañana
Se me hace eterna la semana

Martes, un poco más cerca
De esperar un presente que nunca llega
Me ahogo, me despierto, otra noche en vela
Buscando en sueños alguna forma de verla

Miércoles, me acuerdo de ti
Todos los días, desde aquel mes de abril
Cuando al matarme me enseñaste lo que es vivir
Y desde entonces no siento nada: inerte por fin

Jueves, me pregunto qué estarás haciendo
Y te lo confieso: me da miedo
Que cuando me olvides me mire al espejo
Y te hayas llevado hasta mi reflejo

Viernes, se supone que tendría que irme de bares
Pero el dolor me persigue cuando salgo a la calle
Se apodera de mí la necesidad de buscarte;
El miedo a no encontrarte

Sábado, día de sueños entre sábanas
Que abandono a las doce de la mañana
Tras una noche más sola en la cama
Entre algodón y manchas de lágrimas

Domingo, por fin ha terminado
Otra semana, otro calvario
Otro aniversario que nunca tuvimos
Que tachar en un calendario medio borrado

ME ARREPIENTO DE CONOCERTE

Un dolor que derrite las cenizas
Y hace arder al mar
Ahoga los gritos del viento
Y ciega al ciego con su luz
Cuando te fuiste
Te llevaste una parte de mí
Quién era, quién pude ser
Quién habría sido
De no ser por ti

Te ofrecí mi mundo
No era perfecto, pero era algo
Y tú me hiciste ver todo lo que le faltaba
Desde entonces el corte que hiciste sólo crece
Y el vacío se hace más grande
Mirándome con unos ojos que se parecen demasiado
    a los míos
Quién fue quien advirtió del riesgo de mirar al abismo
    a los ojos
De que al tratar tanto con monstruos
Acabamos siendo monstruos nosotros
No lo sé; tan sólo sé que este vacío está lleno de dolor

Un dolor que derrite las cenizas
Y hace arder al mar

Ahoga los gritos del viento
Y ciega al ciego con su luz
Cuando te fuiste
Te llevaste una parte de mí
Quién era, quién pude ser
¿Quién habría sido?
Nunca lo sabré

ESQUELA DEL AMOR

El amor ha muerto
Sin siquiera saberlo
Y ahora nos aferramos
A nada, a esto
A un corazón enfermo

Amor sin futuro
Siempre presente
Eres la razón
Por la que sigo anclada en el pasado
Siempre

Amor sin razón
Discordancia
De sentido y corazón
Eres el motivo
Por el que sigo sin entender por qué
Siempre

Amor, qué es sino una palabra
Una rota, mal usada
Hueca, vacía, torturada
Idea elusiva
Camino tortuoso

Hacia ninguna parte
Hacia nada

Porque el amor ha muerto
Ahora sólo nos queda esto

EXILIO

Los pies de los desarraigados
Están hechos de raíces rotas
Lo sé bien
Porque intenté exiliarte de mi corazón
Pero al final me tuve que marchar yo

Quijote sin armadura
Caballero sin espada
Amor sin propósito
Historia sin final feliz

Encontré un hogar
En los huecos de los sueños
A veces
Incluso entre los susurros del viento
Y hablábamos de soledad

Formé una familia
Con las voces de mi cabeza
Y una casa
Con mis huesos rotos
Y un jardín que regué con lágrimas

Pero soy nómada
Por cadena perpetua

No se puede sentar cabeza
Si no se tiene una tierra

Y tú me lo robaste todo
Hasta eso

HABLAMOS DESPUÉS DE LA LLUVIA

Pausa indefinida
En el espacio que hay
Entre una gota y otra
Llámalo lluvia
Llámalo lágrima
Cuando el corazón duele
Da igual quién llora
Cielo o persona
Ojo o nube
Sólo importa el agua
Que se marcha
Que se escapa
Nadie sabe adónde

Hablamos después de la lluvia, dijiste
Cuando estés mejor
Yo le dije que nunca he estado bien
O que al menos no me acuerdo
Y ella no respondió

Así que aquí estoy
Encerrada en el coche
Donde paso tanto tiempo
A pesar de no ir a ninguna parte
Y desde aquí contemplo

La pausa indefinida
En el espacio que hay
Entre una gota y otra
Llámalo lluvia
Llámalo lágrima
Yo lo llamaré por tu nombre

ESPERO QUE SEAS FELIZ
(Y QUE ALGUNA VEZ TE ACUERDES DE MÍ)

Me pregunto cómo será tu vida ahora
Seguramente tienes una casa grande
Un marido y tres perros
Dos hijos y medio
Y todo es perfecto
Ya no te acuerdas de esos años perdidos
Entre una era y la próxima
La guerra que se desató más allá de los sentidos
Y que inmortalizamos en prosa
No soy parte de esa vida nueva
Ni siquiera un recuerdo
Me pregunto si en algún lugar entre el polvo
Guardas el regalo que te hice
Si tengo un sitio en tu nueva historia
Aunque sea medio olvidada
Es mejor pensar eso
Que aceptar que no queda nada

MUNDOS Y CORAZONES

Y si en cada cristal
De un corazón roto
Vive todo un mundo
De "y si"
"Y si no hubiera acabado"
"Y si pudo ser"
Hecho de todo
Lo que nunca podrás saber

Junto a la imaginación vienen los reproches
Los "debería"
"Debería haberlo hecho mejor"
"Debería haberlo sabido"
Mano en mano con la culpa
Por no haberlo sabido
Por no haberlo hecho

Y cada vez que lo piensas
Lo rompes un poco más
De tu corazón sale un nuevo cristal
Un nuevo mundo, una nueva posibilidad
Un destino imposible
Que se te clava en los pulmones y te impide respirar

Y te juras a ti misma que vas a parar
Aguantas unos días
Pero cuando llega la noche no puedes evitar pensar
"Y si…"

Y entonces te rompes un poco más

¿SE PUEDE ESCRIBIR POESÍA?

Se puede escribir poesía
Si estás destrozada
Con los huesos cansados
De no hacer nada
Después de noches
Llorando en la cama
Susurrando tu nombre
Desde hace una semana

Se puede escribir poesía
Si estás desesperada
Si te caes de nuevo
Nada más te levantas
Y llega un momento
En que pierdes la esperanza
Me persigue tu recuerdo
Y no puedo hacer nada

Así que supongo que sí, se puede escribir poesía
Aun con los huesos rotos y los pies sangrando
De aguantar para no correr hasta tu puerta
A pesar de las noches sin dormir y las esperanzas perdidas
Siempre me quedará el verso, la poesía

JUSTICIA POÉTICA

Te imagino sola
En una habitación
Tan vacía como nosotras
Y lo que nunca ocurrió
Aunque no te acuerdas de mí
Sabes que te falta algo
Y me buscas sin saberlo
Imagino esos dedos
Que nunca me tocaron
Escribiendo nombres de desconocidos
En ventanas empapadas por una lluvia
Que es el reflejo de la tempestad en tus ojos azules
Como un cielo que a veces parece demasiado pequeño
Y te hace sentirte encerrada en un mundo demasiado
    grande
Entonces te das cuenta de lo sola que estás: y tienes miedo

No puedo

Soy consciente de que es lo que te mereces
No eres buena, me lo han dicho mil veces
O al menos no eres buena para mí
Pero aun así
Soy incapaz de desearte lo que yo tengo:
Una niebla eterna

Nubarrones que cubren el cielo que a su vez cubre
    la tierra
Como un sudario que se ciñe sobre mi piel
Blanca como el cristal
Pues ni la luz ha osado tocar
A una persona tan rota
Por miedo a cortarse
No les culpo
Y a ti tampoco
Sé que es patético
Pero todavía te quiero
Puede que te lo merezcas pero nunca te haría daño
Por mucho que maldiga tu nombre entre el rumor
    de las olas
Y mi propia voz me responda en ecos entre las rocas
En una playa desierta
Bajo un cielo cubierto con el dolor de un alma sola
Y un mar que ahoga la pena

SI NOS ENCONTRÁRAMOS

Si nos encontráramos hoy
No sé lo que pasaría
Si se cruzaran nuestras miradas
¿Sabríamos ser desconocidas?

Seguramente cometería algún error
Tropezaría o diría alguna tontería
Y volvería atrás, a pesar de todas estas palabras
A aquel primer día, cuando sí que éramos desconocidas

Nunca podré volver a verte
Por primera vez
Pero ojalá poder verte
Otra vez
Aunque me equivoque
Y salga mal tal vez
Me duele más pensar
Que ya hayamos tenido
Nuestra última vez

QUÉ HA SIDO DE TI

Me pregunto si todo sigue igual
Estático, como la vida tras una cúpula de cristal
Copo de nieve a mitad del vuelo
Bailarina de porcelana en medio de un paso incompleto

Lo peor es que soy una egoísta
Porque me duele que hayas seguido con tu vida
Porque tú fuiste mi invierno eterno
Pero para ti ya han pasado tres veranos

Me pregunto si tú sigues igual
Me duele no poder preguntarte cómo estás
No saber si algún día nos encontraremos de nuevo
Si un abrazo tuyo descongelaría el hielo

Que me envuelve desde aquel día sin fecha
Cuando tus ojos me encontraron, y tu mirada
    se me clavó cual flecha
Ahora no soy más que un arpa oxidada
Deseando que me toquen, con demasiado miedo
    a las consecuencias

Me gustaría preguntarte con quién has retomado
    el baile que empezamos:

Un arpa oxidada, dos bailarinas, una caja de música
   olvidada
Y me gustaría que contestaras
Que no lo has terminado

ERROR

Es un error, dices
Pero qué somos las personas
Sino errores del universo
Animales con alma
O al menos eso creemos

No puede ser, dices
Pero tampoco podíamos encontrarnos
En este mundo lleno de gente
De fantasmas con cara
Y mira dónde estamos

Es un error, dices
Y puede ser
Que no sea más que un sinónimo
De la palabra amor

EN EL OCASO DE LOS TIEMPOS

Si pudiera hacerlo otra vez
Volver atrás sin volver
Haciendo equilibrio al borde
De la hoja afilada del apocalipsis
Que acabó con todo lo que jamás fue
Que mató a la esperanza con el hacha de la realidad

Si pudiera
No cometería los mismos errores
No dejaría que la impaciencia me empujara
Dicen que el que no arriesga no gana
Así que me tiré del precipicio con los ojos cerrados
Pero se me habían derretido las alas
Lo que encontré fue una caída en picado
No hubo golpe, todo fue falso
Eso fue lo peor de todo:
La tristeza del fin del mundo
De un mundo que nunca ha sido

Si pudiera hacerlo otra vez
Volver atrás sin volver
No cometería los mismos errores
Nunca diría que te he dejado de querer
Por ganar una batalla
Que acababa de perder

Al cortarme con el filo
De mi propio cuchillo
Cuando tus palabras sin amor
Acabaron con mi mundo lleno de él

Así que me iré a casa
Y dejaré un rastro de hojas muertas
De un otoño que se atrevió a soñar con ser verano
Me recordaré a mí misma que no soy más que
      un ser humano
Cometo errores, todos lo hacemos
Y en el ocaso de los tiempos
Quizás
Sólo quizás
Nos encontremos de nuevo

Y SI NO PASA

"Si tiene que pasar, pasará"
Lo dicen todos
Si es el amor de tu vida, volverá
Pero qué pasa si no es verdad
Y si para que pase tengo que hacer yo algo más
No quiero que pienses que estoy loca, aunque
    seguramente ya lo haces
Pero no quiero pasarme el resto de mi vida preguntándome
Qué habría pasado si no hubiera dejado de esforzarme
Por merecer un amor a sabiendas de que el amor
    no se merece
Se da y se quita, pero nunca pertenece
A veces desearía volver atrás
Cambiar el destino y no conocerte jamás
Pero no puedo hacerlo, ojalá
Ahora esto es para siempre
"Si tiene que pasar, pasará"

UNA OPORTUNIDAD

Te lo di todo
Hasta lo que no tenía
Mil noches y un día
Ausencia y presencia
Y todo lo de en medio

Nunca te pedí nada
Al fin y al cabo
No era tu culpa este sentimiento
Que tanto criticabas
Que tanto te molestaba
(Créeme, a mí tampoco me gustaba)

Quería deshacerme de él
Zanjar la historia de una vez
Por eso te pedí una única cosa
Pensaba que tenía derecho
Pero tú me negaste incluso eso

Una oportunidad, nada más (nada menos)
Para saber lo que pasaría
Convertir los "y si" en hechos
Y decidir si quería tenerlos

Pero tú te negaste
Como siempre en este amor
No es correspondido
Así que sólo estoy yo
Adorando a un ídolo de oro
O tal vez de hielo
Me echaste a la calle, lejos del templo
Que yo había construido a tus pies
Y lo peor de todo
Es que ni siquiera me dijiste por qué

SANGRE

Me marcaste con sangre
Esa que va por las venas
Pero no por las arterias
Es la sangre sucia
La sangre poética
La que ahoga a los corazones
Los mismos que alimenta
Es la sangre que da la vida
Es la sangre que se la lleva
Es la sangre que cae a mis pies
Cada vez que tu nombre
Pasa por mi cabeza

VICTORIA

Visión que no pueden evitar mirar ojos ciegos
Imposible y etérea, efímera y eterna
Contornos dibujados con polvo de estrellas
Todo lo que podría querer, lo tiene ella
Osada y fría, ardiente y combustible
Recuerdos de un pasado que no existe
Imposible, siempre imposible
Ahora sólo me queda

La derrota

TEMPLO DE HIELO EN EL DESIERTO

Estar contigo era como construir estatuas de hielo
Sabiendo que se van a derretir un día de estos
Pero sin saber cuál será el momento

Eterna agonía, cuenta atrás en un templo
Que no tiene sangre en las venas sino hielo
Secreto de cristal en medio del desierto

Bajo la luz inclemente de un sol obsoleto
Te hice un altar con mis huesos
Construí un trono con mis versos

Conseguí que crecieran flores a pesar del calor eterno
Las regué con mis lágrimas hasta que se transformaron
    en hielo
Escarcha que cubrió cada centímetro de mi cuerpo muerto

Hoy empieza el principio de la glaciación
Se derrite el hielo, y en la arena se escriben los secretos
De un amor que siempre estuvo condenado
Un palacio de hielo en medio del desierto
Ahora sé que siempre supe
Que llegaría el momento:
Se acabaría derritiendo

NOSOTRAS

Tú eras la única que podía decirme
De qué color eran las estrellas
Ahora todas son blancas
Porque no vemos las negras
Eso es lo que somos
Para lo que hemos quedado:
Una fotografía vieja
De un cielo sin estrellas

OTRA VEZ

No sé cuándo se va a terminar
Pero estoy cansada, muy cansada
Porque no te vas

Fue tan fácil echarme
Y tan difícil olvidarte
Y cada poco vuelves
En forma de sueños o de dolores informes

Como un espectro que susurra mi nombre
Y una respiración gélida que me eriza la piel
Abro los ojos y lo recuerdo como si fuera ayer

De nuevo parece que soy esa niña que no sabía nada
Ni siquiera lo que no sabía
Vuelvo a estar en aquella habitación contigo
Donde lo hiciste sin dejar pista:
Me mataste sin testigos, lejos de sus ojos
El crimen perfecto: un corazón roto
Y después te marchaste igual que entraste en mi vida
En un abrir y cerrar de ojos
Un segundo y diez vidas

Y aquí sigo preguntándome
En los aniversarios de nuestros encuentros

Si en algún mundo paralelo
Lo hemos conseguido, lo hemos hecho
Y estamos juntas
Sigo pensando en nosotras como un equipo
Pero sólo estoy yo junto al aire vacío
Y estas palabras con las que no me atrevo
Ni a deletrear tu nombre, todavía me da miedo
Que vuelvas y me encuentres, que te sientas
     decepcionada
Que verme te lo confirme: no te perdiste nada

Sólo una chica que llegó a tu puerta, rota
Y la rompiste un poco más
Llevo un año buscando las piezas
Ahora las estoy empezando a encontrar

Pero cada vez que por fin avanzo
Echo la vista atrás
Y te veo ahí, una huella en el camino
Que me persigue como arena al mar
Pues en mi sombra veo tu reflejo
Y en el espejo todo lo que no tengo
Hace meses que no te veo
Pero aún lo creo:
Habría sido perfecto

LOS FANTASMAS TAMBIÉN
SE REFLEJAN EN LOS ESPEJOS

Has reemplazado mi imagen en el espejo
Por una de todas las cosas que no soy
Un rostro lleno de las cicatrices de mis defectos
Ojos vacíos por todas las cosas que no he hecho

Me has enseñado a ver las cosas que no están
Por eso, quizás, te veo en todas partes
Tu imagen es un recuerdo constante
De lo que no tengo, de lo que nunca será

Hasta que un día
Cuando me mire al espejo
No vea más que un reflejo
De lo que pudimos ser

FUIMOS ARENA

Soy las huellas que dejaste en la arena
Y que el mar borró con su estela
Soy el deseo que pediste esa noche en vela
Cuando ya se había marchado la estrella
Soy la canción de una sirena
Los huecos vacíos en una cadena
Que me ata a ese momento, a ese día de primavera
Ojalá los recuerdos
Estuvieran hechos de arena
Ojalá los fantasmas
No supiéramos seguir las huellas
Ojalá se borrasen
Las estelas de las estrellas
Que no llevan más que a deseos arrastrados por la marea
Deshechos y rotos porque estaban hechos de arena

VOLVER

Porque para saber ir a un sitio
Hay que aprender a volver
Lo sé porque hace poco me saqué el carné
Por ti
Para poderte ver
Pero ahora acabo de entender
Que para saber ir a un sitio
Hay que aprender a volver
Y yo cogí la carretera sin mirar atrás
Me precipité hacia el destino sin más
Cerré los ojos y me tiré del precipicio
Sin plan, sin paracaídas, sin precaución y sin medida
Te busqué hasta que nos perdí a las dos
Y cuando me di cuenta, ya era tarde
Porque no sabía volver

AMOR FANTASMA

A veces me alegro
De que no llegáramos a ser nada
Eso era lo bonito
Tocarse con los ojos
En vez de con las manos
Amarte con el corazón
Y no con los labios
Supongo que las cosas imposibles
Tienen ese encanto
De lo que se quiere pero no se puede
De las fantasías que jamás llegan a nada
De todas formas nunca habríamos estado a la altura
De todo lo que pudimos ser

ALAS

Volabas sin alas
Como un copo de nieve
Brillabas sin ser sol
Como una estrella fugaz
Pedí un deseo
Y desapareciste

ESPEJISMO

Pasaste por mi vida como un viento sin color
Que me revolvió el pelo
Y me dejó sin aliento
Como una ola hecha de aire
Que me sacudió por dentro
Donde no lo pudo ver nadie
Fuiste sol sin luz y luna sin noche
Noche sin sueños y luz sin calor
Un fantasma etéreo
Un sueño hecho de aire
O ni siquiera eso
Tan sólo sé que cuando abrí los ojos
Ya no estabas

Nunca habías estado

LO QUE FUIMOS

Se me han borrado las líneas de las manos
Intentando buscar tus recuerdos en una tumba
   que no existe
Porque no hay nada a lo que dejarle flores
Sólo un quizás y un sueño triste
Sobre a una lápida sin nombre

PERFECTO

Fue como una ola que con su cresta
Acaricia una estrella fugaz
Como una llama que se apaga
Y su última chispa arde una vez más
La belleza de las cosas
Que nunca llegan a pasar
De enamorarse de un espejo
Y creer que es hermoso amar

Fue un delirio, un sueño sin sentido
Como una sinfonía al ritmo de los latidos
De un corazón que no sabe adónde va
Que desearía no haber despertado
Porque no sabía lo que era amar
Y este sentimiento
Ya no se va
Porque sigue creyendo
Que habría sido perfecto

No comprende todavía
Que las que no ocurren son las historias más bonitas
No se puede destrozar lo que no está
Igual que no se puede tocar el cielo
Igual que no es posible beberse el mar
Ni sentir el dolor de perder algo que no llega a pasar

Y precisamente por eso
Nunca pudo salir mal
Y fue perfecto

CINCO MESES Y UN AÑO

Han pasado cinco meses
Desde la última vez que te vi
Un año desde la primera
Todavía a veces pienso en ti
Una historia que no llegó a ocurrir
Más antigua que el tiempo
Tu vacío me hizo sentir

De los "y si" sólo viven los locos
He intentado volver
Pero el mar borró tus huellas
He intentado escapar
Pero me arrastraba la marea
A ese lugar
Donde no quería estar
Esa sala de espejos
Donde tenía que mirar
Todos mis defectos
Lo que hice mal…

Pero al final
Tuve que hacerlo
Hoy me alegro
Y te agradezco
Tu rechazo

Que me forjó
Tu indiferencia
Que me ayudó
A darme cuenta
De que los fallos
No los tengo sólo yo
Y ahora sé
Que me merezco
Algo mejor

PRIMER (NO) ANIVERSARIO

Doce meses
Parece poco
Pero ha sido el año
Más largo de mi vida

Trescientos sesenta y cinco días
Intentando olvidarte
Paralizaste mi vida
Congelaste los relojes

Ocho mil setecientas veinte horas
Para combatir las que pasé contigo
Fueron tan pocas
Pero llenaron todas las demás

Quinientos veinticinco mil seiscientos minutos
Como los que solía contar mientras te esperaba
Siempre esperando; viniste, pero nunca llegaste
Y mira dónde estamos

Treinta y un mil millones quinientos
        treinta y seis segundos
tres deseos que nunca se cumplieron
un año (o un millón) desde todo aquello
cinco meses desde la última vez

tres corazones en esta historia
seis días en mi semana
Desde que empecé a perder uno
Pensando en ti

Ya ha pasado un año entero
Y ahora por fin los relojes
Empiezan a moverse de nuevo

NO TE DEBO NADA

Fantasías en piernas de cristal
Las convertí en historias
Para que no me clavasen más
Sus garras de esperanza
Y sus dedos de verdad
El ácido y el dulce
Que me partían por la mitad

Quise ser mejor para merecerte
No lo conseguí, pero ahora soy diferente
Cuando me miro al espejo
Todavía veo lo que no tengo
Pero a veces, sólo a veces, veo el resultado de mi esfuerzo
Otros lo están empezando a ver
Mi vida va mejorando, soy feliz otra vez
Convertí el dolor en palabras
Te dije que es lo único que sé hacer
Y las palabras se convirtieron en éxito
En el sueño con el que empecé

Fue gracias a ti
Pero no te debo nada
Sí, fuiste tú quien me empujó
Cuando estaba al borde del precipicio
Al caer me salieron alas

Pero tú no lo habrías sabido
Me causaste dolor
Y lo convertí en arte
A veces me siento en deuda
Pero tú no me diste nada entonces
Y ahora yo no tengo nada que darte

UN MUNDO SIN HORIZONTE

No podemos imaginar
Nada que no exista ya
Te lo enseño:

Piensa en un mundo eterno
Donde no existe el horizonte
Mires donde mires, todo es norte

Puedes intentar llegar al final
Pero da igual cuánto andes
Tus huellas nunca te llevarán al principio del camino
Y tampoco al final

Yo aprendí esto cuando me enseñaste a quererte
Pero no cómo dejar de hacerlo

Semanas antes no eras ni un pensamiento
De pronto dejé de poder imaginar un mundo sin ti
    como su centro

Y todavía hoy, que ya está todo superado
Nada es igual, no voy a poder olvidar

Que un día mi mundo tuvo un horizonte
Que perseguí como quien ha perdido el norte

En una travesía cuyo único destino
Era tu nombre

DONDE NACEN LOS COPOS DE NIEVE

La nieve está hecha de cristales
De fragmentos de corazones de hielo
Olvidados y sin recuerdos
No puede nacer lo que no muere
No puede amar quien no tiene alma
No se puede recordar lo que nunca pasa
Pero yo te quise
Y aún te recuerdo
Y aquel día de invierno
Cuando te vi por primera vez
En el lugar donde nacen los copos de nieve

RECUERDOS QUE GUARDÉ EN EL ARMARIO

Mi armario es un sitio
Donde siempre he guardado
Mentiras y recuerdos
Donde no entro mucho
Vaya ser que me encuentre con los esqueletos
De todas las personas que he querido ser
De todo el daño que me he hecho

Siempre he preferido la ropa de verano
A la ropa de invierno
Me digo a mí misma que no tiene nada que ver contigo
Pero entre estas cuatro paredes engañarme
    no tiene sentido

Llegan esos días a caballo entre marzo y mayo
Días de incertidumbre y de anhelos complicados
Y ha pasado mucho tiempo, demasiado
Desde que empaqueté todos aquellos recuerdos
Que me persiguen en cajas de mudanza después
    de casi un año

Llevan mi nombre pero el polvo escribe el tuyo
    cuando las abro

Y veo aquella falda, la que ni siquiera recuerdo
   haber guardado
Esa que llevé como el tutú de una bailarina sobre
   una pista de hielo
O el uniforme de un soldado en un campo de batalla
Antes de que tus palabras se colaran entre mis huesos
Como entre las grietas de un lago congelado
Y me atravesaran como una bala
Mis gritos no fueron más
Que la cuerda rota de una guitarra
En medio de una sonata mal tocada
Y el crujido del hielo
Que se quebró bajo mis pisadas

Todavía me hablan los fantasmas
El tuyo y los míos, los de todas las personas que intenté ser
Llevan esta ropa, la que me pasaba horas meditando
Y combinaba en patrones imposibles antes de ir a verte
Lo único que quería era que tú me mirases y me vieses

Ya se me ha quedado grande
La ropa del invierno más largo de mi vida
Ese que duró tres veranos y cuatro otoños olvidados
Y que mató a la primavera
Cuando ella y yo nos pensábamos que habíamos ganado

Arrastro por la tela unos dedos sin sangre
Y recuerdo esa noche llorando en la calle

Sabiendo que no era nadie, deseando ser alguien
A quien tú consolaras
Llevando aquella falda

Es bonita, pero me duele mirarla
Así que la cojo y la doblo
Con el cariño que se les tiene
A las cosas del amor
Por mucho que duelan
La coloco al fondo del armario
Donde no pueda verla
Porque ya sale el sol
Pero para una parte de mí
Siempre seguirá siendo inverno

AUNQUE MUERA LA POESÍA

La poesía se creó para memorizar
Versos y estrofas que riman
Para recordar la mitología
Pero si no hubiera palabras
Yo no te olvidaría
Y te seguiré queriendo
Aunque muera la poesía

SI DIJÉRAMOS LO CONTRARIO DE LO QUE SENTIMOS

A lo mejor me dirías:
A veces pienso en ti
Tu nombre habita entre los suspiros
De unos pulmones en flor
Que se baten como mariposas
Entre unas costillas hechas de orquídeas

A lo mejor admitirías:
Cuando sueño se me escapan los deseos
Y dibujan en el cielo un camino hasta tu puerta
La luna sigue con ojos de ópalo una ruta de estrellas
Una que nunca sigo porque no puedo
No porque no quiera

A lo mejor confesarías:
Las olas me susurran todo lo que nunca te dije
Me pregunto lo que pasaría si nos encontráramos
    en la orilla
Y en la arena escribo todas las cartas que nunca te envío
Esas que se llenan de corales y de estrellas de mar
Que la sal borra como los restos de un barco hundido
Desde el que nunca me oyes cuando te llamo
Cuando te digo que quiero estar contigo

A lo mejor me dirías:
Cada vez que cojo el teléfono
Mis dedos se agarran como raíces a las cifras de tu número
El que siempre quiero marcar, aunque nunca me atrevo
Me da demasiado miedo decirlo, pero todavía te quiero

Si hiciéramos lo contrario de lo que sentimos
A lo mejor llegarías a mi puerta un buen día
Con una llamada perdida y un ramo de orquídeas
A lo mejor dirías mi nombre, a lo mejor te quedarías
A lo mejor me dirías que me quieres

A lo mejor me mentirías

ACUÉRDATE DE MAÑANA

Acuérdate
De todas esas cosas
Los planes en el aire
Y los mapas en mi piel
Escribiríamos nuestra historia
Con pedazos del mundo
Dejaríamos nuestra huella
Una junto a la otra
Sobre un templo de piedra

Acuérdate
De un futuro esculpido en arena
Pirámides y esfinges sin memoria
Países llenos de recuerdos con amnesia
Vidas recogidas en libros escritos en idiomas olvidados
Todo lo que fuimos, todo lo que somos

Acuérdate
De mañana
Ese que nunca llegó
Que me quedé toda la vida esperando
Ahora mis lágrimas se mezclan con el polvo
Y dejan su huella en una arena gris
Mientras como una esfinge
Me contemplo morir

Sólo te pido una cosa
Cuando por fin llegue mañana
Acuérdate de mí

UN POEMA MÁS

Mis mejores poemas
Siguen siendo para ti
Me hace preguntarme
Si esta historia tiene fin

Quiero que se acabe
Dejar de pensar en ti
Y empezar a vivir
Pero no sé hacerlo

Así que me siento y escribo
Y antes de darme cuenta
Apareces sin previo aviso
Te apoderas de todo, aunque no quieras

Sol de un mundo que no has pedido
Mis palabras son tus planetas, pero no hay estrellas
Te las has llevado todas
¿Qué has hecho con ellas?

Desde que te conocí
Cuando miro al cielo no hay nada
Está oscuro, como el interior de mi alma

Existe una cierta belleza
En las cosas rotas
Yo pensaba que tú sabrías verla
Y cuando no lo hiciste me propuse ser otra

Cambié tanto que dejé de reconocerme
Me vi los huesos; dejé de comer y dejé al mundo comerme
No sé cuándo pasé de quererte a no quererme
Lo único que sé es que todavía me duele

Y las noches llorando
Y los días nublados
Todos esos poemas quebrados
Declaraciones y cantos desesperados
Pensaba que lo había superado
Pero vuelven a mí, y no puedo hacer nada

Así que escribo, y seguiré escribiendo
Aburriré al mundo, y seguiré escribiendo
Y espero que algún día
Leas toda esta poesía
Que encuentres tu nombre entre las líneas
Y veas lo que le hiciste a una pobre chica
Pero si no lo haces dará igual
Seguiré escribiendo
    Un poema más

TODOS LOS FINALES

En la vida siempre ocurre
Lo que menos te esperas
Así que intento no pensarte
Así quizás vengas

Imaginamos mil historias
Todas menos la nuestra
Por mucho que intentemos atrapar otra
Al final es ella quien nos encuentra

No sé si el destino está escrito
En las estrellas o en las profecías
Tan sólo sé que cuando te miro
Entiendo el porqué de la poesía

La vida es como una broma sin gracia
Prepárate para todo, y luego no pasa
Cuando no esperamos nada, lo tenemos todo
Cuando lo esperamos todo, no tenemos nada

Pero yo no puedo
Lo intento: no desearte, no esperarte
Pero al intentar no pensarte te pienso
Por eso sé que nunca volveremos a vernos

Porque he imaginado todos los finales posibles
Salvo ese en el que jamás nos encontramos

CODA

LA MECÁNICA DE LOS ECLIPSES*

Si yo anochezco cuando tú amaneces
Cuándo nos encontraremos
Sino en el ocaso de los tiempos
Cuando un eclipse se ciña sobre el horizonte
Y las nubes pierdan el norte
Si tu principio es mi final
Y mi equinoccio tu solsticio
Acaso podremos encontrarnos
Al filo de las estaciones, al final del tiempo

Te imagino junto a mí
Bailando sobre las agujas de un reloj parado
Un mundo de hielo a nuestros pies
Y un cielo en llamas en el horizonte
En esos segundos, esos suspiros
Que transcurren entre el día y la noche

Las gotas de rocío serán los únicos testigos
De un amor que no tiene lugar en este mundo viejo
No es suficiente, pero esto es lo único que tenemos
Eclipses y segundos de penumbra
En los que robarte un beso

Por la mañana todo estará olvidado
Seremos sólo dos chicas, diremos que somos amigas

Evitaremos cogernos de la mano delante de ellos
Nos reiremos por fuera mientras gritamos por dentro
Y cuando nos pregunten si tenemos novio mentiremos

Porque es más fácil eso
Que explicarles a quienes no quieren entender
La mecánica de los eclipses
Y los misterios del universo

Cuando salga la luna juraremos que es la última vez
Que nos despedimos para siempre
Pero las dos sabremos que no podrá ser
Nuestro cuento no termina, se queda en *"Érase una vez"*
Por siempre congelado en ese momento inerte
Entre el día y la noche, cuando las estrellas cierran
        los ojos
Y las sombras se esconden

Porque yo amanezco cuando tú anocheces
Tu final es mi principio
Tu equinoccio mi solsticio
Y nos encontraremos bailando
Dos bailarinas sobre una aguja de hielo
En un reloj congelado
En el ocaso del tiempo

* *Poema finalista del I Certamen de Poesía Dámaso Alonso, galardonado con el
segundo premio.*

AGRADECIMIENTOS

Me encanta escribir los agradecimientos (aunque casi nadie se los suele leer) porque por fin puedo decirles a las personas que tanto me ayudan y que tanto hacen por mí cuánto las aprecio y cuánto les agradezco que estén en mi vida.

Algunas de las personas que menciono aquí no han tenido nada que ver con este libro, mientras que otras han estado al pie del cañón conmigo desde el principio. Pero lo que todas ellas tienen en común es que hacen que mi vida sea mejor. Estas son las personas que me arrancan una sonrisa en un día malo o que me dan un abrazo cuando lo necesito pero a mí me da miedo pedirlo, son las personas que me obligan a contarles lo que me pasa cuando estoy triste y que cuando me dicen que todo va a ir bien consiguen que me lo crea. Sin ellas mi vida estaría muy vacía y seguramente no escribiría libros de los que estar tan orgullosa como de este. Así que, de una forma u otra, directa o indirectamente, todas ellas han contribuido a hacer de *Acuérdate de mañana* lo que es hoy.

En primer lugar le doy las gracias a Ana Cerezuela por escribirme el prólogo. Para mí era muy importante que este libro tuviera un buen prólogo y ella, sin conocerme de nada, ha dedicado tiempo, trabajo e interés a escribirme uno que ha superado incluso mis expectativas. Gracias por tu trabajo y gracias por esforzarte en entenderme y en entender mis poemas. Eres todo lo que me esperaba y más.

En segundo lugar quiero agradecerles su apoyo incondicional a dos personas muy importantes. Aunque sólo comparta sangre con una de ellas, para mí las dos son mis primas: Darya y Alejandra. No mencioné a ninguna de ellas en los agradecimientos de mi último libro, pero estuvieron ahí a mi lado al igual que lo han estado ahora, siempre dándome ánimos.

Darya fue la primera persona que se leyó los poemas que yo escondía en un cajón. Ella me dijo que le gustaban, y eso fue lo que me dio el valor para escribir más poesía. Gracias por creer en mí siempre.

Alejandra es mi prima mayor, y se ofreció voluntaria para revisar el poemario conmigo una vez estaba prácticamente terminado. Para mí su ayuda ha significado mucho. Muchísimas gracias, prima.

Gracias a mi amiga Moni por ser la primera en creer que podía volar, incluso dentro del armario, y por estar siempre ahí para ayudarme con lo que sea. Tengo mucha suerte de tenerte.

Gracias a mi amiga Sofía. Gracias por esas risas en el coro y gracias por haber seguido a mi lado todo este tiempo a pesar de la distancia. Eres lo mejor que me llevo del Conservatorio.

Gracias a mi primo Nicolás por ser, además de mi primo, uno de mis mejores amigos. No te lo digo lo suficiente, pero me encanta que confíes en mí y que seas una parte tan grande de mi vida a pesar de estar tan lejos. Te quiero mucho.

Gracias a Iván y Genya, que siempre me han ayudado cuando lo he necesitado y siguen haciéndolo. Un abrazo para los dos y también para Alejandro e Iris.

Gracias a mis padres y gracias a Arturo. Aunque al pobre le dé un poco de vergüenza que su hermana sea poeta, es el mejor hermano que podría pedir.

Gracias a mis dos abuelas y gracias a mi abuelo.

Gracias a la Universidad de Málaga, que me alegro de haber elegido todos los días, y gracias a tres de las mejores personas que he conocido allí: Irene García, Sofía Rodríguez y María Baón.

Gracias a César por su aportación a este poemario.

Gracias a Luisa, mi entrenadora, que es capaz de motivarme aun cuando parece imposible. Tus clases son la mejor forma de desconectar de todo y de animarme que he encontrado. Gracias por ayudarme a superarme y por alegrarme tanto los días.

Gracias a Beatriz, ella sabe por qué.

Gracias a Marcus y a Marcos, porque sin ellos no estaría donde estoy.

Gracias a Nieves, mi editora y la primera persona que ha creído realmente en mí y en mi trabajo. Gracias por la confianza y por todas las oportunidades que me estás brindando.

Gracias al resto del equipo de Valparaíso Ediciones, en especial a Jorge y a José, por el trabajo tan increíble que hacen y por apostar por mí una segunda vez.

Por último, gracias a todas las personas que me apoyan, que van a mis firmas y a mis presentaciones y que hacen de cada libro una experiencia inolvidable.

ÍNDICE